Ingrid van Bebber / Detlev Jöc

Ein kleiner Käfer geht spazieren

Neue Lern-, Spiel- und Bewegungslieder durch ein kleines Kinderleben

Musik: Detlev Jöcker
Liedertexte: August van Bebber
Textbeiträge: Ingrid van Bebber

Illustrationen: Daniela Pohl

Menschenkinder®

Die 14 Lieder dieses Buches gibt es auch auf der
CD/MusiCassette „Ein kleiner Käfer geht spazieren",
erhältlich im Buch- und Fachhandel oder beim
Menschenkinder® Verlag und Vertrieb GmbH,
An der Kleimannbrücke 97, 48157 Münster
http://www.menschenkinder.de

→ Mit Hörproben sämtlicher Lieder!

2. Auflage 2003
Menschenkinder® Verlag, 48157 Münster

Druck: Druckerei Himmer, Augsburg
Redaktion: Jutta Nymphius, Hamburg
Satz und Layout: FACHWERK, Werbe- und Projektagentur, Münster
Notengrafik: Kuntze-Music, Georgsmarienhütte

Printed in Germany 2003

Die Deutsche Bibliothek - CIP-Einheitsaufnahme

Ein kleiner Käfer geht spazieren [Medienkombination] : Neue Lern-, Spiel- und Bewegungslieder durch ein kleines Kinderleben / Ingrid van Bebber ; Detlev Jöcker. - Münster : Menschenkinder®.
Buch..-2003
ISBN 3-89516-159-4

Inhaltsverzeichnis

Spiele und Lieder für Kindergartenfreunde

Spiele und Lieder für Zahnlückenmonster

Guten Morgen, gut geschlafen?

Text: August van Bebber / Musik: Detlev Jöcker

2. Jetzt reibst du dir ganz feste
   deine Augen
   und streckst die Arme und
   die Beine aus.
   Dann musst du erst noch einmal
   kräftig gähnen –
   du kommst manchmal kaum
   aus dem Bett heraus.

Refrain:
Guten Morgen, gut geschlafen?
Du siehst noch ganz müde aus.
Guten Morgen, Zeit zum Aufstehn,
komm aus deinem Bett heraus.
Guten Morgen, gut geschlafen?
Sag, hast du auch schön geträumt?
Guten Morgen, Zeit zum Aufstehn,
sieh nur, wie die Sonne scheint.

Spielanleitung zum Lied:
Dieses Lied sowie das Schlusslied „Süße Träume" geben dem Tag einen Anfangs- und Endpunkt, sie „umarmen" ihn.
Auch als Willkommensgeste nach dem Aufwachen und als Abschiedsgruß vor dem Schlafengehen ist eine Umarmung, ein Knuddeln, eine wichtige emotionale Erfahrung.
Durch Berühren, Streicheln und Kitzeln kann man das Kind den Tagesbeginn spürbar erleben lassen und die Sinne wecken. Streicheleinheiten als erstes kleines Frühstück am Bett!

Spiele und Lieder für kleine Krabbelkäfer

Das ist Emma. Emma ist eineinhalb Jahre alt und sehr neugierig. Ständig ist sie unterwegs. Dabei krabbelte sie zunächst umher, doch seit einiger Zeit läuft sie durchs ganze Haus. So lernt sie stets neue spannende Dinge kennen und macht aufregende Entdeckungen.

Unter Einsatz aller Sinne erkunden Kinder in Emmas Alter unermüdlich ihre Umwelt. Mit ihren Händen begreifen sie die Dinge um sich herum, durch Krabbeln und Laufen und auch Stolpern und Stürzen lernen sie ihre Grenzen kennen, spüren ihren Körper und finden heraus, was sie sich zutrauen können.
Die folgenden Spiele gehen besonders auf das Bedürfnis ein, Dinge zu betasten und Bekanntes wiederzuerkennen. Sie sprechen alle Sinne an und helfen den Körper kennen zu lernen.

Fingerspiel: Fünf Brüder

Das ist ein Zwerg mit Namen Klaus,
der ist heute alleine zu Haus.
Daumen bewegen.

Seine vier Brüder Jan, Paul,
Karl und Peter,
die spielen draußen und
kommen erst später.
Die übrigen Finger bewegen.

Die Sonne geht unter
und es wird dunkel,
die vier sehn am Himmel
Sternengefunkel.
Die Finger der anderen Hand
hin und her bewegen.

Da laufen sie schnell zurück
nach Haus,
Vier Finger laufen über den Tisch.

und begrüßen zuerst
den kleinen Klaus.
Mit jedem Finger einzeln
den Daumen berühren.

Schaukeln in der Decke

Material:
Decke

So geht's:
Das Kind wird in eine Decke gelegt und mal sachte, mal fester hin- und hergeschaukelt. Dazu kann man eine Geschichte erzählen, z.B. von einem kleinen Schiff, das auf dem großen Meer unterwegs ist und von den Wellen geschaukelt wird.

Tipp:
Schaukeln fördert sowohl das Gleichgewichtsgefühl als auch die Entwicklung der räumlichen Wahrnehmung. Das Kind spürt immer sicherer, wo und in welchem Verhältnis zu den anderen Dingen im Raum es sich befindet.

Ein kleiner Käfer geht spazieren

Text: August van Bebber / Musik: Detlev Jöcker

2. Die Käferfrau sucht einen Mann
und krabbelt um die Welt.
Ob sie wohl einen finden kann,
der ihr dann auch gefällt?

Refrain:
Ein kleiner Käfer geht spaziern,
nach Norden und nach Süden.
Nach Westen und nach Osten auch
und manchmal muss er fliegen.
Brumm dideldum,
im Kreis schnell herum,
und manchmal muss er fliegen.

3. Die Beiden hatten großes Glück
   beim Krabbeln um die Welt.
   Sie mochten sich beim ersten
   Blick,
   was ihnen gut gefällt.

Refrain:
Ein kleiner Käfer geht spaziern ...

4. Die Käferfrau, der Käfermann,
   die haben viel gesehn.
   Sie haben jetzt drei Kinderlein
   und das ist wunderschön.

Refrain:
Fünf kleine Käfer gehn spaziern
...
und müssen manchmal fliegen.

Spielanleitung zum Lied:
Käfermann bzw. Käferfrau werden durch jeweils eine Hand dargestellt. Sie krabbeln auf dem Bauch oder Rücken des Kindes, zunächst ohne festes Ziel, dann nach Norden und Süden, schließlich von West nach Ost. Mit zunehmender Käferzahl kann auch die Zahl der Krabbelhände erhöht werden.

Ältere Kinder können den Text als Rollen- und Bewegungsspiel umsetzen.
Sie krabbeln auf allen vieren und laufen mit ausgestreckten (flatternden) Armen in alle Himmelsrichtungen, um dann wieder zusammenzukommen.

Eine kleine Spinne

Text: August van Bebber / Musik: Detlev Jöcker

Refrain:
Eine kleine Spinne
hat viele kleine Beine.
Ja, ja, ja!
Eine kleine Spinne
hat viele kleine Beine.
Ja, ja, ja!

2. Wo kann sie damit laufen?
   Überall!
   Wo kann sie damit springen?
   Überall!
   Wo kann sie damit spinnen?
   Überall!
   Wo kann sie damit schwingen?
   Überall!

Refrain:
Eine kleine Spinne ...

3. Sie kann die Wand hochlaufen.
   Kreuz und quer!
   Sie kann herunterspringen.
   Kreuz und quer!
   Sie kann ein Netz sich spinnen.
   Kreuz und quer!
   Sie kann am Faden schwingen.
   Kreuz und quer!

Wo gehört das hin?

Material:
Drei Behälter (z.B. kleine Plastikeimer oder -schüsseln) in den Grundfarben Rot, Blau und Gelb; verschiedene kleine Gegenstände in diesen Farben (z.B. Ball, Gummitier, Knopf, dickere Perle, Wäscheklammer), ein Korb

So geht's:
Die Behälter werden auf den Boden gestellt und die Gegenstände farblich passend einsortiert.

Tipp:
Mit älteren Kindern kann man anhand der Gegenstände kleine Geschichten entwickeln. Das regt zusätzlich Phantasie und Sprachentwicklung an.

Käfig bauen

Material:
Deckel eines Schuhkartons, je ein Stück Klebefolie in den Grundfarben Rot, Gelb und Blau, Wäscheklammern in den gleichen Farben, ein kleiner Korb, ein Spielzeugtier (z.B. Tiger)

So geht's:
Der Schuhkartondeckel wird, einschließlich des Randes, mit allen drei Folien zu gleichen Teilen beklebt.
Die Klammern liegen in einem Korb bereit und das Kind steckt sie der Farbe entsprechend an den Deckelrand, bis rundherum Wäscheklammern als „Käfigstangen" aufgesteckt sind. Nun kann das Tier dort untergebracht werden.

Tipp:
Dieses Spiel fördert besonders die Feinmotorik und Kraftdosierung, darüber hinaus das Erkennen und Benennen von Farben.

Kneten

Material:
Knete, entweder gekauft oder selbst hergestellt (selbst gemachte Knete ist meist geschmeidiger und leichter formbar; Rezept siehe rechts)

So geht's:
Das Kind knetet nach Belieben und formt eventuell auch kleine Figuren.

Tipp:
Kneten fördert in besonderem Maße die taktile Wahrnehmung. Beim Gestalten von Figuren wird Kraftdosierung geübt.

Rezept für Knete:
400 Gramm Mehl
200 Gramm Salz
10 Gramm (ca. 1 TL) Alaun
1/2 Liter Wasser
3 EL Öl
1 EL Lebensmittelfarbe

Mehl, Salz, Alaun mischen. Wasser zum Kochen bringen, Öl und Farbe einrühren. Wasser langsam unter das Mehlgemisch rühren. Teig mit den Händen gut durchkneten.
Die Knete sollte in einem dicht schließenden Behälter aufbewahrt werden.

Was ist im Sand versteckt?

Material:
Ein mit Sand gefüllter Behälter (sehr fein ist Vogelsand), kleine Naturgegenstände (z. B. Kastanie, Walnuss, Tannenzapfen)

So geht's:
Die Gegenstände schaut man gemeinsam mit dem Kind an und benennt sie. Dann werden sie im Sand versteckt. Das Kind greift mit beiden Händen in den Sand und beginnt ihn zu durchforsten.

Hat es einen Gegenstand gefunden, versucht es ihn durch Tasten zu erkennen, bevor es ihn aus dem Sand nimmt. Auf diese Weise wird mit allen Gegenständen verfahren.

Tipp:
Sollte die Benennung noch Schwierigkeiten bereiten, kann man Karten mit Abbildungen der „vergrabenen" Gegenstände anfertigen. Das Kind zeigt dann auf das entsprechende Bild.

Ich nehme meinen Zeigefinger

Text: August van Bebber / Musik: Detlev Jöcker

2. Essen, sprechen, lachen, küssen,
dazu braucht man einen Mund.
Drum herum ein großer Kreis
und das Gesicht wird kugelrund.

Refrain:
Ich nehme meinen Zeigefinger
und mal damit auf deinen Bauch,
ein großes rundes Mondgesicht –
das macht viel Spaß und kitzelt auch.
Ein großes rundes Mondgesicht –
das macht viel Spaß und kitzelt auch.

3. Obendrauf, da wachsen Haare,
   lang und kurz, mal kraus
   und glatt.
   An den Seiten, für das Hören,
   jeder Mensch auch Ohren hat.

Refrain:
Ich nehme meinen Zeigefinger ...

Spielanleitung zum Lied:
Mit dem Zeigefinger und eventuell Creme werden die in den Strophen benannten Teile des Gesichts bzw. Kopfes auf den Bauch gemalt. Das kann auch vor einem Spiegel geschehen. Viel Spaß macht es auch, wenn das Kind selbst das Mondgesicht malt.

Malen mit Rasierschaum

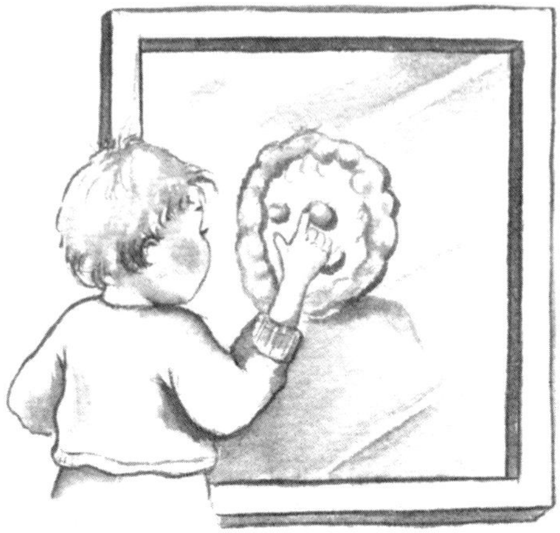

Material:
Ein großer Spiegel, Rasierschaum oder Creme

So geht's:
Das Kind steht vor dem Spiegel und malt mit Rasierschaum oder Creme (lässt sich später schlechter wieder entfernen) den eigenen Körper vom Kopf inklusive Gesicht bis zu den Füßen auf dem Spiegel nach.

Tipp:
Das Spiel fördert vor allem die Entwicklung des Körperschemas.

Weckerspiel

Material:
Ein laut tickender Wecker

So geht's:
Der Wecker wird irgendwo im Raum versteckt und das Kind versucht ihn durch genaues Hinhören ausfindig zu machen. Das ist gar nicht so einfach!

Tipp:
Dieses Spiel kann sowohl mit einem einzelnen Kind als auch mit einer ganzen Gruppe gespielt werden. Es fördert das Richtungshören, welches im Straßenverkehr sehr wichtig ist.

Spiele und Lieder für Plappermäulchen

Emma ist nun fast drei Jahre alt. Sie freut sich darauf, im Sommer in den Kindergarten zu kommen, denn schließlich ist sie schon groß! Sie singt leidenschaftlich gern und liebt es, mit ihren Eltern kleine Gedichte oder Verse zu sprechen.

Im Alter von zwei bis drei Jahren machen die meisten Kinder eine rasante Sprachentwicklung durch. Täglich lernt das Kind neue Wörter kennen, beginnt die Welt durch Oberbegriffe zu ordnen, nimmt Sprache insgesamt auf und setzt sie kreativ um. Das folgende Kapitel enthält daher Spiele, mit denen Spaß an der Sprache geweckt und somit das Sprechen gefördert wird (zum Beispiel Fingerspiele).
Weiterhin wichtig bleibt die Förderung der Sinneswahrnehmung zur Entwicklung des Selbstvertrauens und Selbstbewusstseins.

Tatü, hier kommt die Feuerwehr

Text: August van Bebber / Musik: Detlev Jöcker

2. Tatü, da kommt die Polizei.
   Tatü, tatü, tata!
   Und alles macht die Straße frei,
   tatü, tatü, tata!
   Ist das ´ne laute Huperei,
   von Feuerwehr und Polizei,
   tatü, tatü, tata!

Refrain:
Rasen, flitzen, sausen.
Durch dic Kurven brausen.
Ja, das macht die Feuerwehr,
die Polizei fährt hinterher.
Tatü, tatü, tata!

3. Tatü, hier kommt der Kommissar,
   tatü, tatü, tata!
   Er kommt direkt aus Afrika,
   tatü, tatü, tata!
   Er rennt ganz schnell,
   wie sonderbar,
   verfolgt von einer Kinderschar.
   Tatü, tatü, tata!

Refrain:
Rasen, flitzen, sausen.
Durch die Kurven brausen.
Ja, das macht die Feuerwehr,
die Polizei fährt hinterher.
Den beiden folgt der Kommissar,
tatü, tatü, tata!

Spielanleitung zum Lied:
Das Lied fordert geradezu dazu auf, Geräusche zu erzeugen (Alarm-, Hup- und Motorgeräusche, das Quietschen der Reifen. Außerdem motiviert es zu vielfältigen Laufbewegungen, die von einzelnen Kindern nacheinander, von mehreren Kindern gleichzeitig ausgeführt werden können.

Was höre ich da?

Material:

- Kassette (CD) mit Geräuschen, die das Kind aus dem Alltag kennt, z.B. Martinshorn, Windrauschen, fließendes Wasser (Wasserhahn), Treppenlaufen. Die Geräusche können mit dem Kind gemeinsam aufgenommen werden.
- Karten, auf denen diese Geräusche bildlich dargestellt werden.
- Ggf. die gleiche Anzahl Knöpfe oder Muggelsteine.

So geht's:

Die Karten werden ausgelegt und die Kassette (CD) abgespielt. Das Kind zeigt auf die entsprechende Karte, wenn es ein Geräusch erkannt hat, oder es legt einen Knopf darauf.

Tipp:

Eine CD hat den Vorteil, dass die Reihenfolge des Abspielens beliebig variiert werden kann.

Hören, wo es langgeht

Material:

Glöckchen, Augenbinde

So geht's:

Dem Kind werden die Augen verbunden. Ganz auf sein Gehör angewiesen, versucht es dem Geräusch des Glöckchens zu folgen, mit dem eine zweite Person durch den Raum geht.

Tipp:

Dieses Spiel fördert besonders das Richtungshören.

Jetzt bist du ein Löwe

Material:
Kassettenrekorder/CD-Player, Kassette/CD mit instrumentaler Kindermusik

So geht's:
Während die Musik spielt, laufen ein oder mehrere Kinder durch den Raum. Stoppt die Musik, ruft der Spielleiter einen Tiernamen (z. B. Löwe) und alle bewegen sich wie das genannte Tier, bis die Musik wieder einsetzt. Dann beginnt das Ganze von vorn.

Tipp:
Die Rolle der Spielleiterin oder des Spielleiters kann auch von einem Kind übernommen werden.

Seht den Wellenreiter

Text: August van Bebber / Musik: Detlev Jöcker

2. Seht den Wellenreiter,
   erst hoch hinauf, dann tief hinab.
   Segelt immer weiter fort,
   solang er Wind und Wellen hat.

Refrain:
Hoch und tief
und rauf und runter
saust der Wellenreiter schnell.
Hoch und tief
und rauf und runter,
wie auf einem Karussell.

3. Seht den Wellenreiter,
   er segelt weit aufs Meer hinaus.
   Kehrt so schnell er kann zurück,
   zu seinem lieben Schatz nach Haus.

Refrain:
Hoch und tief
und rauf und runter ...

Spielanleitung zum Lied:
Eine Wippe bauen (z.B. Getränkekasten, darüber ein Brett legen).
Man kann das Kind auch in eine Decke legen und mal sachte, mal fester hin und her bzw. hoch und runter schaukeln.

Was ist rund?

Material:
Viele dreieckige, viereckige und runde Knöpfe in verschiedenen Größen und Farben; Schachtel oder Korb

So geht's:
Die Knöpfe werden in die Schachtel gelegt. Je nach Aufgabenstellung findet das Kind alle runden oder eckigen Knöpfe heraus.

Spiel mit Naturmaterialien

Material:
Je zwei gleiche Naturmaterialien (etwa Kastanien, Eicheln, Walnüsse, Tannenzapfen, Erdnüsse, Steine)

So geht's:
Die Materialien werden bunt durcheinander ausgelegt. Das Kind ertastet mit verbundenen Augen die zusammengehörenden Paare.

Tipp:
Anstelle von Knöpfen kann man im Spielwarenhandel geometrische Formen aus verschiedenen Materialien erwerben oder die Formen aus dicker Pappe selbst herstellen.
Durch Erkennen gleicher Formen bei unterschiedlichem Aussehen wird in diesem Spiel die visuelle Wahrnehmung gefördert.

Taststraße

Material:
Einige Kartons mit niedrigem Rand (ca. 40 x 40 cm), verschieden beschaffene Materialien wie Sand, Heu, Kies, Sandpapier, Blätter, Rindenstücke

So geht's:
Die Kartons werden mit den verschiedenen Materialien gefüllt (bei Sand und Kies eventuell erst mit Folie auskleiden) und dann eng hintereinander aufgestellt. Nun läuft das Kind barfuß von Karton zu Karton.

Tipp:
Besonders schön ist es, wenn in einem Garten ein wenig Platz übrig ist, um dort eine Taststrasse anzulegen. Dann benötigt man keine Kartons, sondern kann die einzelnen Tastfelder direkt im Boden anlegen. Dazu wird einfach ein bisschen Erde abgetragen, die Felder durch Kanthölzer markiert und mit verschiedenen Materialien gefüllt.

Knöpfe blind sortieren

Material:
Viele sehr große und sehr kleine runde Knöpfe, Schachtel oder Korb

So geht's:
Die Knöpfe werden in die Schachtel gelegt. Das Kind sortiert mit verbundenen Augen große und kleine Knöpfe.

Lecker, lecker, lecker

Text: August van Bebber / Musik: Detlev Jöcker

2. Erdbeern in Tomatensaft,
   Senf im Obstsalat gibt Kraft.
   Joghurt brät man sich mit Reis,
   Orangensaft ist kreideweiß.

Refrain:
Lecker, lecker, lecker, lecker.
Hmmh! Das schmeckt ja fabelhaft.
Igittegittegittegitt!
Wer hat sich das nur ausgedacht?
Lecker, lecker, lecker, lecker.
Hmmh! Das schmeckt ja fabelhaft.
Igittegittegittegitt!
Das schmeckt ja wirklich
grauenhaft.

3. Pudding schmeckt mit
   Ketchup toll,
   Eis in Suppe wundervoll.
   Auf Bratwurst muss man
   Sahne sprühn,
   Orangensaft ist dunkelgrün.

Refrain:
Lecker, lecker, lecker, lecker ...

Was ess ich da?

Material:
Vier Karten mit Fotos oder Bildern, die verschiedene Obstsorten zeigen; kleine Stücke dieser Obstsorten

So geht's:
Die Karten werden auf dem Tisch ausgebreitet, das Kind schließt die Augen und bekommt ein Obststück in den Mund gelegt. Es versucht zu schmecken, was es isst, benennt die Obstsorte und zeigt dann auf die entsprechende Karte.

Das gehört nicht dazu!

Material:
Stücke von vier verschiedenen Obstsorten, eine Süßigkeit (zum Beispiel Gummibärchen oder Schokoladenstücke)

So geht's:
Das Kind isst mit verbundenen Augen die Obststücke. Sobald es aber die Süßigkeit in den Mund gelegt bekommt, sagt es: „Das gehört nicht dazu!" Erkennt es sie nicht, geht das Spiel weiter.

Tipp:
Das Spiel fördert den Geschmackssinn und vor allem bewusstes Schmecken und Essen.

Was gehört zusammen?

Material:
Zwanzig Karten aus Pappe (ca. 10 x 10 cm); zwanzig Bilder oder Fotos, davon je vier zu einem Oberbegriff, (zum Beispiel Gemüse, Obst, Fahrzeuge, Tiere)

So geht's:
Als Vorbereitung werden die Bilder oder Fotos auf die Karten geklebt und eventuell mit Folie überzogen oder laminiert. Dann legt man alle Karten vermischt aus. Das Kind versucht sie nach den Oberbegriffen zu sortieren.

1. Variante: Die Karten werden wie vorher alle ausgelegt, allerdings zu einem der Oberbegriffe nur ein einziges Bild. Das Kind erkennt dieses Bild als Einzelkarte und benennt die Abbildung.

2. Variante: Das Kind prägt sich die Bilder gut ein. Dann schließt es die Augen und eine Karte wird weggenommen. Findet das Kind anschließend heraus, welche Karte fehlt?

Tipp:
Neben der visuellen Wahrnehmungsfähigkeit wird das Abstraktionsvermögen (Oberbegriffe bilden) geübt.

Was fehlt?

Material:
Ungefähr fünf dem Kind bekannte Gegenstände (etwa Schlüssel, Spielzeugauto, Buntstift, Baustein, Kamm)

So geht's:
Die Gegenstände werden ausgelegt und gut angeschaut. Nun schließt das Kind die Augen und ein Gegenstand wird weggenommen. Nach dem Öffnen der Augen versucht das Kind den fehlenden Gegenstand zu nennen.

Tipp:
Wird das Spiel mit einer Gruppe gespielt, verlässt ein Kind den Raum, während ein anderes Kind den Gegenstand wegnimmt.

Fingerspiel: Fünf kleine Schmetterlinge

Fünf kleine Schmetterlinge,
leicht wie Esspapier.
Huihhh, da weht ein starker Wind,
da sind es nur noch vier.

Vier kleine Schmetterlinge
sagen sich bye-bye.
Einer sucht die Nummer fünf,
da sind es nur noch drei.

Drei kleine Schmetterlinge
kommen nach Shanghai.
Einer hat sich dort verliebt,
da sind es nur noch zwei.

Zwei kleine Schmetterlinge,
nachts im Mondenschein,
sie haben sich im Wald verirrt,
jetzt sind sie ganz allein.

Ein kleiner Schmetterling
singt: „Oh, wie schön's mal war!"
Die andern hab'n sein Lied gehört,
jetzt sind sie wieder da!

So geht's:
Die Finger einer Hand werden dem Text gemäß eingerollt. Die andere Hand kann den Wind, den Abschied (Winken), die Kusshand, das Umherirren und das Singen darstellen.

Fingerspiel: Der ist in den Matsch gefallen

Der ist in den Matsch gefallen.
Der hat einen Schreck bekommen.
Der hat seinen Freund gerufen.
Der hat alle mitgenommen.
Der muss alles sauber machen -
jetzt könn' sie alle wieder lachen!

So geht's:
Die Finger nach und nach einrollen. Am Schluss alle Finger lustig hin und her bewegen.

Fingerspiel: Fünf kleine Käferlein

Fünf kleine Käferlein
wolln heut' nicht zu Hause sein.
Der Erste fährt nach Afrika,
der Zweite zum Himalaja.
Der Dritte will zum Zirkus gehn,
der Vierte findet Segeln schön.
Der Fünfte traut sich nicht hinaus,
und bleibt allein zu Haus.

Spiele und Lieder für Kindergartenfreunde

Nun ist Emma schon seit einem Jahr im Kindergarten. Am Anfang fiel es ihr ganz schön schwer, ohne Mama und Papa dort zu bleiben. Doch jetzt fühlt sie sich pudelwohl und freut sich jeden Morgen darauf, mit ihrer Freundin Arabella und den anderen Kindern zu spielen.

Der Beginn des Kindergartens ist für Kinder von drei bis vier Jahren gleichbedeutend mit dem Eintritt in eine erste eigene Erfahrungswelt, in die die Eltern nur bedingt Einblick erhalten. Anfängliche Trennungsschwierigkeiten überwinden die meisten Kinder schnell. Sie freuen sich darauf, auch ohne Eltern viele neue Dinge kennen zu lernen. Immer wichtiger werden dabei beste Freundinnen und Freunde und andere Kinder, mit denen gemeinsam gespielt wird. Allerdings klappt dies nicht immer reibungslos, denn eigentlich möchte jeder gern der Erste oder der Gewinner sein, mehrmals an die Reihe kommen o.Ä.

Im folgenden Kapitel findet man Spiele, die mit einem Partner oder einer größeren Gruppe durchgeführt werden können. Hierbei ist es dann beispielsweise nicht wichtig zu gewinnen, sondern gemeinsam eine Aufgabe zu bewältigen. So wird Sozialverhalten spielerisch eingeübt. Auch mit diesen Spielen werden vielerlei Sinne angeregt und gefördert.

Mein kleiner Bruder Julian

Text: August van Bebber / Musik: Detlev Jöcker

Refrain:
Mein kleiner Bruder Julian
zieht niemals seine Schuhe an.
Er trägt auch keine Socken,
ob's nass ist oder trocken.
Mein kleiner Bruder Julian
zieht niemals seine Schuhe an,
zieht niemals seine Schuhe an.

2. Der Sand ist warm,
   wie schön für seine Füße.
   Der Sand ist heiß,
   das tut sehr weh! Oh Schreck!
   Der Sand ist feucht und kühlt
   ihm seine Füße.
   Der Sand ist weich –
   schon sind die Füße weg.

Refrain:
Mein kleiner Bruder Julian ...

3. Der Kies ist rau und piekst
   in seine Füße.
   Ein Stein ist spitz, das tut ihm
   weh! Oh Schreck!
   Jetzt muss ein Pflaster auf die
   kleinen Füße.
   Schnell in die Schuh –
   schon sind die Füße weg.

Refrain:
Mein kleiner Bruder Julian
zieht wieder seine Schuhe an.
Er trägt auch seine Socken,
mal sind sie nass, mal trocken.
Mein kleiner Bruder Julian
zieht wieder seine Schuhe an,
zieht wieder seine Schuhe an.

Tastmemory

Material:
Karten aus Pappe (5 x 5 cm), sehr unterschiedliche Materialien (beispielsweise Knöpfe, Watte, Münzen, Streichhölzer, Samt, Wollfäden, Sandpapier, Rinde), Augenbinde

So geht's:
Als Vorbereitung werden je zwei Karten mit dem gleichen Material beklebt.
Die Karten werden ausgelegt. Das Kind hat die Augen verbunden und versucht durch Tasten und Fühlen die Paare zusammenzustellen.

Tipp:
Wenn mehrere Kinder teilnehmen, gelten die gleichen Spielregeln wie bei Memory. Die Karten werden also verdeckt ausgelegt und die Kinder sollen die Paare finden. Dabei dürfen die Karten jedoch <u>nicht</u> umgedreht, sondern nur getastet werden.

Wer hat den Platz getauscht?

So geht's:
Dieses Spiel wird mit mehreren Kindern gespielt. Sie sitzen auf dem Boden oder auf Stühlen im Kreis und ein Kind verlässt das Zimmer. Zwei der übrigen Kinder tauschen miteinander den Platz. Das Kind kommt zurück und versucht herauszufinden, welche Kinder an einem anderen Platz sitzen.

Bierdeckelspiel

Material:
Decke, viele Bierdeckel

So geht's:
Je zwei Kinder spielen als Partner zusammen. Ein Kind legt sich auf die Decke und schließt die Augen. Das andere Kind legt die Bierdeckel nach und nach vorsichtig auf das liegende Kind. Dieses nennt die Körperstellen (zum Beispiel Bauch, Oberschenkel, Stirn), auf denen die Bierdeckel liegen. Nach einiger Zeit werden die Rollen getauscht.

Tipp:
Das Spiel fördert die Körperwahrnehmung und Entwicklung des Körperschemas.

Alles durcheinander

Text: August van Bebber / Musik: Detlev Jöcker

2. Der Frosch quakt nur U-WAAH!
Der Hund bellt laut IEE-AAH!
Die Gans krächzt meist
TÄRÄÄH!
Der Elefant MÄH-MÄH!

Der Esel schreit
GAACK-GAACK!
Das Schäfchen blökt
QUACK-QUACK!
Der Löwe brüllt MIAU!
Die Katze schnurrt nur sanft
WAU-WAU!

Refrain:
Alles durcheinander!
Nein, so geht das nicht!
Alles durcheinander,
weil kein Tier so spricht!
Alles, alles, alles durcheinander.
Alles, alles, weil kein Tier so spricht.

3. Der Frosch quakt nur
QUACK-QUACK!
Die Gans krächzt meist
GACK-GACK!
Der Elefant TÄRÄÄH!
Das Schäfchen blökt
MÄH-MÄH!

Der Esel schreit IEE-AAH!
Der Löwe brüllt U-WAAH!
Der Hund bellt laut
WAU-WAU!
Die Katze schnurrt nur
sanft MIAU!

Refrain:
Nichts mehr durcheinander!
Hurra, es ist geschafft!
Nichts mehr durcheinander,
das hat Spaß gemacht!
Nichts mehr, nichts mehr,
nichts mehr durcheinander.
Nichts mehr, nichts mehr,
das hat Spaß gemacht!

Spielanleitung zum Lied:
Die Tiergeräusche können von den Kindern mitgesungen werden. Phantasievolle Kinder dürfen auch eigene verrückte und unpassende Geräusche erfinden.

Da vorne steht ein Baum

Da vorne steht ein Baum,
so groß, man glaubt es (kaum).
Daneben steht ein Haus,
im Keller wohnt 'ne (Maus).
Die Maus ist winzig klein,
es muss 'ne Zwergmaus (sein).
Sie isst am liebsten Speck,
da kommt die Katz´, oh (Schreck)!
Jetzt flitzt die kleine Maus
aus ihrem Haus (heraus).
Daneben steht ein Baum
so groß, man glaubt es (kaum).
Die Maus denkt: „Lauf, lauf, lauf!“,
und saust den Baum (hinauf).
Die Katze hinterher,
denn Klettern ist nicht (schwer).
Im letzten Augenblick,
die Maus hat großes (Glück),
da rutscht die Katze aus,
fällt runter auf das (Haus)
und landet auf dem Dach,
das macht `nen Riesen(krach).
Dann rollt sie immer weiter,
stößt gegen eine (Leiter).
Die Leiter, die fällt um,
rabautz, rabatz, ra(bumm)!
Der Bauer kommt heraus,
aus seinem Bauern(haus),
und schimpft die Katze (aus).
Ins Loch flitzt da die (Maus).

So geht's:
Die Wörter in Klammern werden beim Vorlesen ausgelassen und vom Kind ergänzt.

Wer bist du?

Material:
Decke

So geht's:
Auf dem Boden oder auf Stühlen sitzen mehrere Kinder im Kreis. In der Mitte des Kreises liegt eine Decke. Ein Kind verlässt den Raum und ein anderes schlüpft unter die Decke. Wenn das erste Kind wieder im Zimmer ist, fragt es das zweite: „Wer bist du?“ Das Kind antwortet: „Ich bin ...“ (Phantasiename). Nur anhand der Stimme versucht das erste Kind den unter der Decke verborgenen Mitspieler zu erkennen.

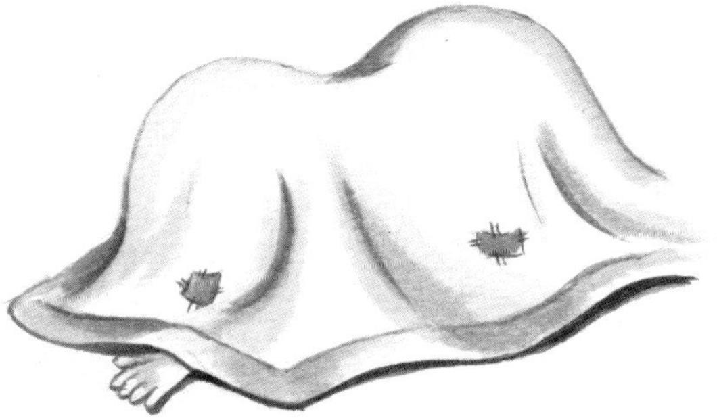

Tipp:
Ältere Kinder erkennen oft schon am leeren Platz, welches Kind fehlt. Um auch sie dazu zu bringen auf die Stimme zu hören, lässt man die zurückbleibenden Kinder die Plätze tauschen.

Welches Instrument hörst du?

Material:
Orffsche Instrumente oder Gegenstände, mit denen man Klänge erzeugen kann (wie Schlüsselbund, Holzlöffel, Schüssel, Topf, Besteck), großes Tuch oder Bettlaken

So geht's
Die Kinder müssen den Klang und die Namen der einzelnen Instrumente oder Gegenstände kennen. Die Spielleiterin hat die Instrumente vor sich liegen, die Kinder sitzen hinter einem Sichtschutz, zum Beispiel einem gespannten Bettlaken. Die Spielleiterin spielt ein Instrument und die Kinder versuchen es zu benennen.

Variante:

Material:
Kassettenrekorder/CD-Player, Kassette oder CD mit aufgezeichneten Instrumentalklängen, Karten mit Abbildungen der entsprechenden Instrumente

So geht's:
Die Karten werden ausgelegt und die Kassette oder CD abgespielt. Wenn das Kind den Klang erkennt und dem entsprechenden Bild zuordnen kann, nimmt es die Karte. Bei mehreren Mitspielern nimmt derjenige die Karte, der als Erster den Klang und das richtige Bild erkannt hat.

Arabella Wirbelwind

Text: August van Bebber / Musik: Detlev Jöcker

2. Arabella Wirbelwind
   ist ein ziemlich wildes Kind.
   Mal hüpft sie hier, mal hüpft sie dort.
   Und wenn du kommst,
   ist sie schon fort.

Refrain:
Wirbel-, Wirbel-, Wirbelwind,
dreht im Kreis sich ganz geschwind.
Wirbel-, Wirbel-, Wirbelwind,
dreht im Kreis sich ganz geschwind.

3. Arabella Wirbelwind
   ist ein ziemlich wildes Kind.
   Mal rennt sie hier, mal rennt sie dort.
   Und wenn du kommst,
   ist sie schon fort.

Refrain:
Wirbel-, Wirbel-, Wirbelwind ...

4. Arabella Wirbelwind
   ist ein ziemlich wildes Kind.
   Mal tanzt sie hier, mal tanzt sie dort.
   Und wenn du kommst,
   ist sie schon fort.

Refrain:
Wirbel-, Wirbel-, Wirbelwind ...

Spielanleitung zum Lied:
Das Kind führt entsprechende Bewegungen durch.

Bewegungsgeschichte: Piraten

Stationen (Material und Aufbau).
1. *Haus* – Kisten (oder Kissen) als Kreis stellen. In der Mitte des Kreises ist das Haus.
Fernrohre – Papprollen. 2. *Grasfeld* – ohne Material. 3. *Tunnel* – Stühle, über die eine Decke gelegt wird (mit Wäscheklammern befestigen). 4. *Berg* – Trittleiter, an den Seiten eventuell mit Packpapier oder Decken verkleiden (mit Wäscheklammern befestigen). 5. *Schmaler Weg* – Seil. 6. *See* – zwei Teppichfliesen pro Mitspieler. 7. *Insel* – ohne Material. 8. *Piratenschiff* – Getränkekiste, Brett, Plantschbecken (im Kindergarten großes umgedrehtes Trampolin), beklebter Karton *(Schatzkiste)* mit Schokoladentalern gefüllt. Das Brett schräg auf die Getränkekiste legen (Gangway). Die Schatzkiste steht in der Mitte des Schiffes (Plantschbecken). 9.-16. Alle Stationen in umgekehrter Reihenfolge.

So geht's:
Die Spielleiterin erzählt die Geschichte und die Kinder machen die geschilderte Bewegung mit.

> **Tipp:**
> Die Bewegungsgeschichte kann man am besten mit einer kleinen Gruppe spielen, damit die Kinder an den einzelnen Stationen nicht zu lange warten müssen.

Heute ist es so weit!
Alle sitzen im Haus (Kreis).
Wir werden uns auf den Weg machen und unseren Schatz, den uns die Piraten gestohlen haben, zurückholen. Wir müssen natürlich sehr vorsichtig sein, denn die Piraten dürfen uns nicht bemerken. Das wäre äußerst gefährlich. Außerdem wird der Weg sehr lang und anstrengend sein. Also, zieht jetzt eure bequemsten Schuhe an, nehmt die Fernrohre und los geht's!
Alle laufen los.
Oh, seht mal! Da vorne ist ein riesiges Feld mit hohem Gras.
Alle bleiben stehen und spähen.
Da müssen wir durch, es gibt keinen anderen Weg.
Alle laufen weiter mit weit ausholenden Armbewegungen, um das Gras an die Seite zu schieben. Wichtig ist, dass die Arme dabei die Körpermitte überschreiten.
Gut! Das haben wir geschafft.
Weiterlaufen.
Oh nein! Seht mal!
Alle bleiben stehen.
Da vorne ist ein dunkler Tunnel, ich fürchte, es gibt keine andere Möglichkeit, wir müssen hindurchkriechen!
Zwischen den Stühlen unter der Decke durchkriechen.

Endlich. Das war ganz schön gefährlich! Aber, es geht weiter. Der Weg ist noch lang. Doch halt!
Alle bleiben stehen.
Seht mal! Ein Berg? Wir müssen darüber klettern.
Über die Trittleiter klettern, oben mit dem Fernrohr spähen.
Puh! Das war anstrengend. Schwitzt ihr auch so? Trotzdem, wir müssen weiter.
Weiterlaufen.
Oh, seht mal.
Alle bleiben stehen.
Da vorne wird der Weg ganz schmal und auf beiden Seiten ist ein tiefer Sumpf. Wir müssen jetzt ganz, ganz vorsichtig laufen.
Weiterlaufen im Gänsefüßchengang (immer einen Fuß ganz dicht vor den anderen auf das Seil setzen).
So, das ist noch mal gut gegangen. Ich wäre beinahe ausgerutscht. Könnt ihr noch weitergehen? Dann los. Oh, seht mal!
Alle bleiben stehen.
Ein riesiger See. Und da sehe ich auch schon das Piratenschiff, es liegt da drüben vor einer Insel. Wir müssen den See überqueren. Wie sollen wir das nur schaffen? Schaut! Hier liegen Zaubersteine. Damit kann man nicht untergehen. Los geht's, ich gehe vor.
Jedes Kind nimmt sich zwei Teppichfliesen. Auf einer steht es, während es die andere vor sich hinlegt, weitergeht, die hintere Fliese aufhebt, vor sich hinlegt usw.
Geschafft! Wir sind ganz dicht am Piratenschiff. Ich glaube, die Piraten schlafen alle. Aber das letzte Stück sollten wir besser kriechen, falls doch mal ein Pirat wach ist.
Alle kriechen über die Insel bis zum Schiff.
Psst! Leise. Wir gehen jetzt auf das Schiff.
Alle laufen das Brett hoch und springen vorsichtig in das Schiff (Plantschbecken).
Ich hab's gewusst, hier ist unser Schatz! Kommt, lasst uns ganz schnell von hier verschwinden. Wenn die Piraten aufwachen und bemerken, dass der Schatz verschwunden ist, dann werden sie uns bestimmt suchen. Also, nichts wie weg hier!
Kiste mitnehmen.
Runter vom Schiff, über die Insel, übers Wasser, den schmalen Weg entlang, über den Berg, durch den Tunnel, durch das Grasfeld, endlich ...
Den ganzen Weg etwas schneller in umgekehrter Reihenfolge zurücklegen. Die Spielleiterin benennt dabei die Stationen.
Wir sind zu Hause, wir haben es geschafft! Juhu!
Alle sitzen im Haus und verspeisen zur Belohnung den Schatz (Schokotaler).

Verreisen in ein anderes Land

Material:
Kassettenrekorder/CD-Player, Kassette/CD mit Kindermusik

So geht's:
Zunächst wird verabredet, wie viele Kinder sich jeweils an die Hand nehmen sollen. Dann wird die Musik eingespielt und die Kinder laufen dazu im Raum umher. Wenn die Musik stoppt, sagt die Spielleiterin oder der Spielleiter: „Nehmt euch alle an die Hand, wir reisen jetzt ins Hüpfe-Land." (Trippel-Land, Hinkel-Land usw.) Alle hüpfen durch den Raum, bis die Musik wieder einsetzt.

Tipp:
Bei größeren Kindern kann die Spielleiterin, während sie spricht, mit den Fingern anzeigen, wie viele Kinder sich jeweils an die Hand nehmen sollen.

Spiele und Lieder für Zahnlückenmonster

Endlich! Emma hat ihren ersten Zahn verloren! Sie ist sehr, sehr stolz und auch froh, denn im Sommer kommt sie in die Schule und da braucht man unbedingt eine Zahnlücke!

Kinder im Alter von fünf bis sechs sind nun wahrlich schon ziemlich groß! Sie wollen keine „Babyspiele“ mehr spielen, sie diskutieren die Erwachsenen in Grund und Boden und verabreden sich nachmittags selbstständig mit ihren Freunden. Fast alle freuen sich darauf, bald zur Schule zu gehen und nicht mehr bei den „Kleinen“ im Kindergarten zu sein.
Die Spiele dieses Kapitels sprechen Fähigkeiten an, die sich die Kinder auf ihrem bisherigen Lebensweg erworben haben: das Verstehen und Umsetzen von Sprache und der Spaß am Sprachgebrauch, Sozialverhalten, Raumorientierung sowie das Vertrauen in sich und andere.
Wer sollte die ehemals kleinen Krabbelkäfer auf ihrem weiteren Lebensweg jetzt noch aufhalten?

Eins, zwei, drei, vier Beine

Text: August van Bebber / Musik: Detlev Jöcker

2. Es stampfen Elefanten,
da wackelt gleich die Erde.
Mit Eltern und mit Kindern
sind sie `ne große Herde.
Bumms, bumms, bumms,
so stampfen sie daher.
Bumms, bumms, bumms,
das ist auch gar nicht schwer.

Refrain:
Ja, eins, zwei, drei, vier Beine ...

3. Es hüpfen viele Hasen,
dann bleiben alle stehen.
Sie schnuppern mit den Nasen,
bevor sie weitergehen.
Hopp, hopp, hopp,
so hüpfen sie daher.
Hopp, hopp, hopp,
das ist auch gar nicht schwer.

Refrain:
Ja, eins, zwei, drei, vier Beine ...

Spielanleitung zum Lied:
Die Aktivitäten der Tiere, vor allem die Bewegungen, werden nachgeahmt. Ältere Kinder können auch Tiermasken basteln. (Tonkarton zuschneiden, bemalen. Gummiband anbringen.)

Blinde Käfer

Material:
Pro Kind eine Augenbinde

So geht's:
Die Kinder werden in vier Gruppen aufgeteilt. Jede Gruppe befindet sich in einer Ecke des Raumes. Dann werden die Augen verbunden und die Kinder versuchen blind krabbelnd, die diagonal gegenüberliegende Ecke zu erreichen. Dabei lässt sich nicht vermeiden, dass man schon mal über eine Mitspielerin oder einen Mitspieler krabbelt oder sie oder ihn anstößt. Es macht aber trotzdem, oder gerade deshalb, riesigen Spaß!

Tipp:
Das Spiel kann am besten in einer Turnhalle oder einem großen, leeren Raum gespielt werden. Es fördert besonders die räumliche Wahrnehmung. Außerdem ist ein gutes Sozialverhalten unerlässlich, denn keiner der Teilnehmer darf zu schnell oder zu rücksichtslos krabbeln.

Zwillinge

Material:
-

So geht's:
Je zwei Kinder sind Zwillinge, die immer das Gleiche tun. Das eine Kind macht eine Bewegung vor (zum Beispiel hebt es den Arm), das andere Kind macht diese Bewegung sofort nach. Schwierig ist es, wenn sich die Kinder gegenüberstehen und die Bewegungen spiegelbildlich ausgeführt werden müssen.

Wo ist der Weg?

Material:
Geometrische Formen (Kreise, Dreiecke usw.) in verschiedenen Farben und Größen

So geht's:
Die Formen werden als Vorbereitung aus Folie oder Pappe hergestellt. In einem Raum (eventuell einer kleinen Turnhalle) werden sie auf dem Boden ausgebreitet. Dabei ist darauf zu achten, dass gangbare Wege entstehen. Zwischen den Formen soll also nur so viel Abstand bestehen, dass Kinder problemlos von einer zur anderen gelangen können. Eine Stelle im Raum wird als Ziel festgelegt.
Die Aufgabe besteht nun darin, einen Weg zu finden, bei dem nur eine Form genutzt wird, das heißt, das Kind läuft zum Beispiel nur über Dreiecke und gelangt so zum Ziel. Zusätzlich kann man, vor allem bei älteren Kindern, eine Fortbewegungsart, wie Hüpfen oder Rückwärtsgehen festlegen.

Variante:
Das Spiel wird als Wettspiel gestaltet. Zwei oder mehr Kinder suchen ihren Weg dabei auf unterschiedlichen Formen, also das erste Kind auf Dreiecken, das zweite Kind auf Kreisen usw. Wer zuerst das Ziel erreicht, gewinnt.

Tipp:
Das Spiel fördert die visuelle Wahrnehmung, besonders die so genannte „Figurgrundwahrnehmung", das heißt, ein Dreieck wird immer als solches erkannt, unabhängig davon, in welcher Größe oder Farbe es vorliegt.

Schnuppi Schnuppernase

Text: August van Bebber / Musik: Detlev Jöcker

am
kann doch nur der Metz-ger sein. Fri-scher Fisch, na ist doch klar, dass
E
Schnup-pi auf dem Markt-platz war. Und sein Ma-gen knurrt und zwickt. Er
wird vor Hun-ger fast ver-rückt.
E
A Refrain
Schnup-pi Schnup-per-na-se, der hat
E
im-mer gro-ßen Hun-ger. Er isst furcht-bar gern, das
A
ist sein gro-ßer Kum-mer. Schnup-pi Schnup-per-na-se streckt die
D
D
A
Na-se in die Luft. Ein ech-ter Na-sen-de-dek-tiv, er
E
A
D
schnup-pert ein-fach je-den Duft.
Schnup-pi, Schnup-pi, wau, wau,
G
D
Schnup-pi, Schnup-pi, wau, wau! Schnup-pi, Schnup-pi, Schnup-pi, jei yeah!
1. A
2. E
Fine
Yeah, wau, yeah, wau, yeah wau, wau.
Da Capo Refrain

2. Jetzt riecht es besonders fein.
   Das muss doch wohl
   ein Bäcker sein!
   Kuchen, Sahne, Eiskonfekt,
   er hat sein Leibgericht entdeckt.
   Dann die Schüssel
   ausgeleckt. Hmm!
   Das hat sehr gut geschmeckt.
   Wieder hat er es geschafft,
   mit seiner Supernasenkraft.

Refrain:
Schnuppi Schnuppernase,
der hat immer großen Hunger.
Er isst furchtbar gern,
das ist sein großer Kummer.
Schnuppi Schnuppernase
streckt die Nase in die Luft.
Ein echter Nasendedektiv,
er schnuppert einfach jeden Duft.

Spielanleitung zum Lied:
Das Lied ist in erster Linie ein Zuhör-Lied. Die Refrains können jedoch von den Kindern pantomimisch begleitet werden. (Hunger = eine Hand auf dem Bauch im Kreis drehen; Kummer = ein sorgenvolles Gesicht machen; im zweiten Teil Nase in die Luft strecken, Luft zufächeln, an Objekten schnuppern)

Wer gehört zu mir?

Material:
Pro Kind ein kleines Glas, verschiedene Duftöle (z.B. Zitrone, Tanne, Vanille, Zimt, Pfefferminze), Wattebäusche, Kassettenrecorder/CD-Player, Kassette oder CD

So geht's:
Je zwei Wattebäusche werden mit demselben Duftöl beträufelt; dann wird jeder Wattebausch in ein Glas gelegt. Die Kinder erhalten je eines dieser Gläser und die Gruppe verteilt sich damit im Raum. Sobald die Musik leise erklingt, laufen alle los und versuchen durch „Schnuppern" an den anderen Gläsern ihren Partner zu finden.
Das Spiel ist beendet, wenn sich alle Paare gefunden haben.

Tipp:
Wenn die Wattebäusche in verschlossenen Gläsern aufbewahrt werden, kann man sie mehrfach verwenden.

Wer ist der schnellste Spürhund?

Material:
Drei kleine Gläser, drei verschiedene Duftöle (zum Beispiel Zitrone, Pfefferminz, Vanille), Wattebäusche

So geht's:
In jedes Glas wird ein mit Duftöl beträufelter Wattebausch gelegt.

Drei Kinder beginnen und sind die „Spürhunde". Jeder „Spürhund" ist auf einen Duft spezialisiert und versucht sich diesen durch ausgiebiges Schnuppern an dem entsprechenden Wattebausch einzuprägen. Dann gehen die drei vor die Tür und die Duftgläser werden im Raum versteckt. Nun ruft man die „Spürhunde" herein und diese versuchen ihr Duftglas so schnell wie möglich zu „erschnuppern". Wenn alle Spürhunde ihr Glas gefunden haben, geht das Spiel mit drei neuen „Spürhunden" weiter.

Tipp:
Dieses Spiel wird am besten mit einer größeren Gruppe von Kindern durchgeführt.

Ein Vogel sitzt in seinem Nest

Text: August van Bebber / Musik: Detlev Jöcker

2. Die Biene lebt in ihrem Korb
und fühlt sich dort zuhaus.
Summ, summ, summ, summ.
Doch immer wieder fliegt sie
in die weite Welt hinaus.
Summ, summ, summ, summ.
Und irgendwann
kommt sie zurück,
weil sie so gern zu Hause ist.
Weil sie so gern,
weil sie so gern,
weil sie so gern zu Hause ist.

3. Die Maus schaut
   aus dem kleinen Loch
   und fühlt sich dort zuhaus.
   Tipp, tipp, tipp, tipp.
   Doch heute flitzt sie blitzschnell
   in die weite Welt hinaus.
   Tipp, tipp, tipp, tipp.
   Und irgendwann
   kommt sie zurück,
   weil sie so gern zu Hause ist.
   Weil sie so gern,
   weil sie so gern,
   weil sie so gern zu Hause ist.

4. Der Mensch lebt unter einem Dach
   und fühlt sich dort zuhaus.
   Ja, ja, ja, ja.
   Doch immer wieder geht er
   in die weite Welt hinaus.
   Ja, ja, ja, ja.
   Und irgendwann
   kommt er zurück,
   weil er so gern zu Hause ist.
   Weil er so gern,
   weil er so gern,
   weil er so gern zu Hause ist.

Spielanleitung zum Lied:
Mit einer Hand formt man ein Nest, einen Bienenkorb, ein Mauseloch oder ein Dach. Mit der anderen Hand werden die Bewegungen (fliegen, flitzen, laufen) in der Luft oder auf dem Tisch dargestellt, bis der Vogel usw. wieder nach Hause zurückkehrt.
Das Lied kann auch als Bewegungsspiel durchgeführt werden. Kinder sitzen im Kreis (Nest), ein Kind (Vogel) befindet sich in der Mitte des Kreises und bewegt sich dem Text entsprechend.

Frage und Antwort

Material:
Je zwei gleiche Instrumente, großes Tuch als Sichtschutz

So geht's:
Die mitspielenden Kinder werden in zwei Gruppen aufgeteilt. Jedes Instrument ist einmal in jeder Gruppe vorhanden. Um sich gegenseitig nicht sehen zu können, kann man ein Tuch/Bettlaken als Sichtschutz spannen oder die Gruppen setzen sich mit dem Rücken zueinander hin. Ein Kind aus der ersten Gruppe beginnt auf seinem Instrument zu spielen, das Kind mit dem gleichen Instrument aus der zweiten Gruppe antwortet. Dann „fragt" ein Kind aus der zweiten Gruppe und das Kind mit dem gleichen Instrument aus der ersten Gruppe „antwortet" usw.

Tipp:
Gestaltet man das Spiel als Wettspiel, erhält eine Gruppe für eine richtige „Antwort" einen Punkt. Gewonnen hat am Schluss die Gruppe mit den meisten Punkten.

Signalwort

Material:
Eine Geschichte, vorher aufgeschrieben oder spontan ausgedacht

So geht's:
Die Kinder sitzen im Kreis. Es wird ein Signalwort vereinbart, zum Beispiel „HUND", und eine Bewegung, die beim Hören des Signalwortes ausgeführt werden muss, zum Beispiel aufstehen und dem rechten Nachbarn die Hand schütteln. Danach setzen sich alle wieder hin.
Die Geschichte könnte wie folgt lauten:

Mäxchen ist ein kleiner weißer HUND. Er wohnt bei Herrn Meier, einem netten älteren Herrn. „Mäxchen, mein HUND", sagt er abends oft, „komm zu mir aufs Sofa, da machen wir es uns gemütlich." Und dann sitzen Herr Meier und sein HUND zusammen auf dem Sofa.

Am Tag gehen Herr Meier und Mäxchen, sein HUND, oft spazieren. Das ist sehr schön, aber wie jeder HUND möchte Mäxchen einmal einen anderen HUND treffen, der sein Freund sein könnte. Weil er nämlich so ein kleiner HUND ist, bellt ihn jeder größere HUND sofort an, und das macht Mäxchen, den HUND, oft traurig.
Heute aber, gerade als sie um die Ecke biegen, sehen sie – eine Katze?
Nein, einen kleinen HUND, der genauso aussieht wie Mäxchen!
Der andere HUND beschnuppert Mäxchen und sie mögen sich sofort.
„Das ist ja toll", sagt Herr Meier, „mein HUND hat einen Freund gefunden."
Jeden Tag, wenn sie spazieren gehen, freut sich Mäxchen, der HUND, darauf, seinen Freund, den anderen HUND, wiederzutreffen.

Tipp:
Das Spiel kann auch mit mehreren Signalwörtern und unterschiedlichen Bewegungsaufgaben gespielt werden. Noch schwieriger, aber auch lustiger, ist es, wenn verschiedene Signalwörter mit Aufgaben für verschiedene Kinder (ein Signalwort pro Kind) vereinbart werden.

Süße Träume

Text: August van Bebber / Musik: Detlev Jöcker

2. Der ganze Tag war voll mit
   super Abenteuern.
   Piraten segelten mit dir rund
   um die Welt.
   In einem wilden Sturm
   wär fast das Schiff gesunken,
   und nachts an Land, da
   schlichen Tiger um das Zelt.

Refrain:
Süße Träume
für eine lange Nacht.
Süße Träume,
bis der Tag erwacht.
Schließ deine Augen zu,
dann schläfst du tief und fest.
Süße Träume,
wenn uns der Tag verlässt.

3. Der ganze Tag ist wieder
   viel zu schnell vergangen.
   Es gibt so viele Sachen,
   die man machen muss.
   Doch du bist müde und
   es wird auch Zeit zum Schlafen.
   Komm her, du kriegst von mir
   noch einen dicken Kuss.

Refrain:
Süße Träume ...

Schnurrimuss und Fidibatz

Schnurrimuss und Fidibatz
suchen einen großen Schatz.
„Schnurrimuss", fragt Fidibatz,
„wo liegt er nur, an welchem Platz?"

„Kein Problem", sagt Schnurrimuss.
„Hokuspokus Fidibus,
dreimal schwarzer Hexenschuss,
er liegt – an einem großen Fluss."

Schnurrimuss und Fidibatz
suchen einen großen Schatz.
Immerzu und überall,
am großen Fluss in Fortifall.

Fortifall ist wunderschön,
vieles gibt es dort zu sehn.
Vergessen ist der große Schatz.
„Uns geht es gut!", sagt Fidibatz.

Tonangebend im Kinderzimmer

DIE BELIEBTESTEN TONTRÄGER

1. 1, 2, 3 im Sausesschritt
2. Komm, du kleiner Racker
3. Der Regenbogenfisch
4. Si-Sa-Singemaus
5. Kleine Kerze leuchte
6. Und weiter geht's im Sauseschritt

7. Ich bin der kleine Zappelmann
8. Kinderträumeland
9. Mile male mule, ich gehe in die Schule
10. Meine Weihnachtszauberwelt

Menschenkinder®